I0821209

El tigre diente de sable

Julie Murray

Abdo Kids Jumbo es una subdivisión de Abdo Kids
abdobooks.com

abdobooks.com

Published by Abdo Kids, a division of ABDO, P.O. Box 398166, Minneapolis, Minnesota 55439.

Printed in China

102025

012026

Spanish Translator: Maria Puchol

Photo Credits: Alamy, Getty Images, Science Source, Shutterstock, ©Roman Uchytel p.19

Production Contributors: Teddy Borth, Jennie Forsberg, Grace Hansen
Design Contributors: Candice Keimig, Pakou Moua

Library of Congress Control Number: 2025942212

Publisher's Cataloging-in-Publication Data

Names: Murray, Julie, author.

Title: El tigre diente de sable/ by Julie Murray

Other title: Saber-toothed tiger. Spanish

Description: Minneapolis, Minnesota: Abdo Kids, 2026. | Series: Animales de la Edad de Hielo | Includes online resources and index.

Identifiers: ISBN 9798384908944 (lib.bdg.) | ISBN 9798384909521 (ebook)

Subjects: LCSH: Animals--Juvenile literature. | Extinct animals--Juvenile literature. | Ice Age--Juvenile literature. | Paleontology--Juvenile literature. | Zoology--Juvenile literature. | Spanish Language Materials--Juvenile literature.

Classification: DDC 569--dc23

Contenido

La Edad de Hielo

Una glaciación o edad de hielo es un periodo en el que la mayor parte de la Tierra está cubierta por capas de hielo. La última comenzó hace 100,000 años y duró hasta hace 12,000 años. Algunos animales **se extinguieron** durante esta época de la historia.

hielo
tierra

El tigre diente de sable

El tigre diente de sable apareció hace más de 2.5 millones de años. Vivió en América del Norte y del Sur. Se encontraba en bosques y praderas.

Norteamérica
Europa
Asia
África
Sudamérica
N
E
S
W

El tigre diente de sable era un gran **depredador** de pelaje espeso. Medía tres pies (0.9 m) de altura hasta el hombro. Podía pesar más de 600 libras (272 kg).

El tigre diente de sable tenía un cuerpo musculoso. Sus patas eran cortas, pero fuertes. Podía llegar a correr a 30 millas por hora (48.3 km/h).

Su gran boca podía abrirse de forma que rugía con mucha fuerza. Este tigre tenía dos dientes caninos gigantes. Los dientes eran curvos y podían llegar a medir ocho pulgadas (20.3 cm) de largo.

diente
canino

El tigre diente de sable tenía grandes zarpas. Sus garras **plegables** eran largas y afiladas.

Alimentación

Los tigres diente de sable vivían y cazaban en grupo. Eran cazadores de **emboscada**. Se escondían y esperaban antes de abalanzarse sobre su **presa**.

Estos tigres cazaban caballos, bisontes y mamuts. Con sus patas y garras atrapaban a sus **presas**. Sus grandes dientes les ayudaban a finalizar el ataque.

Extinción

El tigre diente de sable **se extinguió** hace aproximadamente 11,500 años. Fue cazado en exceso por los humanos. También tuvieron problemas para encontrar comida.

Índice

¡Visita nuestra página **abdokids.com** para tener acceso a juegos, manualidades, videos y mucho más!

Los recursos de internet están en inglés.

Usa este código Abdo Kids

ISK6363

¡o escanea este código QR!